AMADIS
DE GAULE,
TRAGEDIE-OPERA,
EN TROIS ACTES,
REPRÉSENTÉE,
POUR LA PREMIERE FOIS,
PAR L'ACADEMIE-ROYALE
DE MUSIQUE,
Le Vendredi 10 Décembre 1779.

PRIX XXX SOLS.

AUX DEPENS DE L'ACADEMIE.

De l'Imprimerie de P. DE LORMEL, Imprimeur de ladite Académie, rue du Foin Saint-Jacques, à l'Image Sainte Geneviève.

On trouvera des Exemplaires du Poëme à la Salle de l'Opéra.

M. DCC. LXXIX.
AVEC APPROBATION ET PRIVILEGE DU ROI.

Le Poëme est de M. QUINAULT.

La Musique est de M. BACH.

AVERTISSEMENT.

LA nécessité de donner à cette Piéce la coupe que les Compositeurs exigent aujourd'hui, a été le seul motif des changemens que le Lecteur y trouvera. Pour la réduire en trois Actes, il a fallu retrancher les Personnages hors d'œuvre, & supprimer la double intrigue de Florestan & de Corisandre; pour motiver la querelle subite qui amene Amadis & Oriane sur la Scêne, il a fallu recourir au pouvoir de la Magie. C'est pour cette raison qu'Arcalaus annonce qu'il a jetté la division entre les deux Amans, & qu'il employe toutes les ressources de son art pour les attirer dans un piége où ils tombent en effet. Le motif des deux Magiciens est le desir qu'ils ont de vanger la mort de leur frere Ardan, tué par Amadis, en combattant pour Oriane, dont on suppose qu'Ardan étoit amoureux. On a bien senti, que pendant les deux premiers Actes, Arcabonne & Arcalaus attiroient sur eux le principal intérêt; mais ce défaut appartient à l'ancien Poëme, & il semble réparé par le vif intérêt qu'on a tâché d'exciter en faveur d'Oriane, au troisieme Acte.

A ij

Si on a jugé nécessaire de retrancher le premier Acte de l'ancien Amadis, & de fondre dans le second ce qu'il contenoit de rélatif à l'expofition; à plus forte raifon s'eft-on vu obligé de fupprimer abfolument le cinquiéme, qui ne tient en rien à l'action, puifque la Tragédie eft finie dès le moment où Amadis & Oriane fe trouvent réunis par la mort de leurs ennemis. Ce cinquiéme Acte fe trouve cependant employé en Pantomime, & a fourni le fujet d'une Fête qui termine la nouvelle Piéce.

On a cru devoir rendre compte au Public des raifons qui ont déterminé le nouveau plan fur lequel Amadïs eft établi; on efpere qu'il ne verra dans fon exécution que le defir de lui plaire, & non la prétention téméraire de corriger un Poëte célebre, dont la mémoire eft juftement confacrée par tant de Chefs-d'œuvres.

ACTEURS ET ACTRICES
CHANTANS DANS LES CHŒURS.

CÔTÉ DE LA REINE.

Mesdemoiselles.   *Messieurs.*

Mesdemoiselles.	Messieurs.
Duguée.	Candeille.
des Rosières.	Larlat.
Chenais.	Tourcati.
Thaunat.	Capoi.
Laurence.	Hilden.
Paris.	Méon.
Gavaudan. c.	Cleret.
Isidore.	
Eugenie.	Baillon.
Joséphine.	Fagnan.
Chaumont.	Tacuffet.
	de Lori.
	Joinville.

CÔTÉ DU ROI.

Mesdemoiselles.	Messieurs.
Dubuisson.	Héri.
d'Hautrive.	Lagier.
Veron.	Martin.
Garrus.	Vanheke.
Rouxelin.	Tourillon.
Sanctus.	Boi.
	Huet.
Dumontier.	Itaffe.
Adelaide.	Jouve.
Charmois.	Moulin.
Chabaneau.	Bouvart.
Leclerc.	Cavailher.
Deflions.	Jalaguier.

ACTEURS.

Amadis, M. Le Gros.
Oriane, Mlle Le Vaſſeur.
Arcabonne, Mlle Durenci.
Arcalaus, M. L'arrivée.
Urgande, Mlle Chateauvieux.
La Haine, M. Moreau.
La Discorde, M. Laîné.
L'ombre d'Ardan Canil, M. Peré.
Magiciennnes *transfor-* } Mlles. Gavaudan.
mées en Bergeres. Joinville.
Une Captive, Mlle Girardin.
Chœurs.
Pages.
Enchanteurs.
Enchanteresses.
Démons.
Soldats.
Magicienne.
Captifs.
Chevaliers.
Héroïne.

PERSONNAGES DANSANTS.

ACTE PREMIER.
ENCHANTEURS.

M^{rs}. Simonet, Desplaces, Rivet, Duchaine, Dangui, le Bel, le Roi 1er, Guillet 1.

Transformés en Bergers & Bergeres.

Mlle. GUIMARD.

Mrs. BARRÉ, OLIVIER.
Mlles. CREPAUX, COULON.

M^{rs}. Giguet, Cafter, Guillet, c. Clerget.
De la Haye, Largierre, Hennequin c. Luquet.

Mlles. Henriette, Carré, Courtois, l. Villette, Elize, Darci, Thifte, Gibaffier.

ACTE SECOND.
CAPTIFS.

M. DAUBERVAL.

Mlles. ALLARD, PESLIN.

Mlle THÉODORE.

QUADRILLES DE DIFFERENTES NATIONS.

Mrs Barré,	Olivier.
Mlles Crepaux,	Coulon.
Mrs Doflion,	Cafter.
Mlles Henriette,	Carré.

Mrs Giguet, Gillet c.
Mlles Darcy, Courtois l.
M^rs. Clerget, De la Haye.
Mlles. Vilette, Elize.
Mrs Luquet, Largiere.
Mlles Thifte, Gibaſſier

MAGICIENNES.

Mlles. Saulnier, Courtois c. Jonveaux, Le Houx, Puiſieux, Duboulay, Barré, Lablotierre.

ACTE TROISIEME.

CHEVALIERS.

M. VESTRIS p.
M. VESTRIS f.
M. GARDEL l.
M. GARDEL c.

HÉROINES.

Mlle. HEYNEL.
Mlle. THÉODORE.
Mlle. DORIVAL.

M^rs. Habraham, Olivier.

Mlles. Bigotini, Auguſte.

M^rs. Trupty, Hennequin l., Simonet, Desplace Rivet, Duchaîne, Danguy, le Bel, le Roi, Guillet c. Desbordes, Henry.

Mlles. Saulnier, Martin, Courtois, c. Rofé, Jonveaux, Puiſieux, le Houx, Duboulay, Ba Jenny, Lablottiere, Courtois l.

AMAD

AMADIS,
TRAGÉDIE.

ACTE PREMIER.

Le Théâtre repréſente une Forêt, dont les arbres ſont chargés de Trophées ; on voit dans le fonds un Pont, au bout duquel eſt une Forterèſſe.

SCÈNE PREMIERE.

ARCABONNE, ſeule.

Amour ! que veux-tu de moi ?
Mon cœur n'eſt pas fait pour toi.
Non ; ne t'oppoſes plus au penchant qui m'entraîne ;
Je ſuis accoûtumée à reſſentir la haîne,
Je ne veux inſpirer que l'horreur & l'effroi.
Mon ame auroit trop de peine

B

AMADIS,

A suivre une douce loi ;
C'est mon sort d'être inhumaine :
Amour ! que veux-tu de moi ?
Mon cœur n'est pas fait pour toi.

SCÊNE II.

ARCALAUS, ARCABONNE.

ARCALAUS.

MA sœur, qui peut causer votre sombre tristesse ?
Le silence des bois sert à l'entretenir.

ARCABONNE.

Il faut avouer ma foiblesse
Pour commencer à m'en punir.
Un héros, contre un monstre, un jour prit ma défense,
J'étois morte sans son secours :
Il ne voulut pour récompense
Que le plaisir secret d'avoir sauvé mes jours.
Je n'ai point sçu quel héros m'a servie,
Je m'informai de son nom vainement ;
Mais son casque tomba, je le vis un moment ;
Ce moment fut fatal au reste de ma vie.

TRAGÉDIE.

L'amour fur moi lance fes traits,
J'ai honte de mon trouble extrême;
En vain je veux fuir fes attraits!
Hélas! jufqu'au filence même
Qui regne en ces fombres forêts,
Tout me parle de ce que j'aime.

ARCALAUS.

L'amour n'eft qu'une vaine erreur;
On n'en eft pas furpris quand on veut s'en défendre,
Eft-ce à vous d'avoir un cœur tendre?
Votre cœur tout entier n'eft dû qu'à la fureur.

ARCABONNE.

Vous m'avez enfeigné la fcience terrible
Des noirs enchantemens qui font pâlir le jour,
Enfeignez-moi, s'il eft poffible
Le fecret d'éviter les charmes de l'amour.

ARCALAUS.

Ah! brifez votre chaîne,
Et rougiffez d'aimer;
Ce n'eft plus que la haîne
Qui doit vous animer:
L'amour livre votre ame
A des defirs trop doux,

AMADIS,

Les transports de sa flâme
Ne sont pas faits pour vous.
Fuyez son funeste délire,
Fuyez les faux attraits de ce Dieu séducteur.
Quand on fait commander à l'infernal Empire,
On doit savoir vaincre son cœur.
Songez que votre sang vous demande vengeance
Amadis l'a versé :

ARCABONNE.

Cette mortelle offense
Ne sort point de mon cœur : il mérite la mort.

ARCALAUS.

C'est le vainqueur d'Ardan, notre malheureux frere

ARCABONNE.

Que le nom d'Amadis m'inspire de colere !

ARCALAUS.

Je reconnois ma sœur à ce noble transport.

ARCABONNE.	ARCALAUS.
Qu'une horrible vengeance	Qu'une horrible vengeance
Me console en ce jour,	Vous console en ce jour,
De l'affreuse souffrance	De l'affreuse souffrance
Que me cause l'amour.	Que vous cause l'amour.

ARCABONNE.

Amadis nous offense.

TRAGÉDIE.
ARCALAUS.
Qu'il frémisse à son tour.
ENSEMBLE.
Irritons notre barbarie,
Frappons qui nous ôse outrager;
Écoutons notre sang qui crie,
Et nous invite à le venger.
ARCABONNE.
Qu'Oriane aussi soit punie
Des maux qu'on nous fait endurer :
ARCALAUS.
Qu'une impitoyable Furie
Vienne tous deux les déchirer.
ENSEMBLE.
Irritons notre barbarie,
Frappons qui nous ose outrager,
Écoutons notre sang qui crie;
Ah! qu'il est doux de se venger!
ARCALAUS.
Déjà vers nous son mauvais sort l'améne;...
Vous savez qu'Oriane est l'objet de ses feux;
J'ai jetté dans leurs cœurs les serpens de la haine,
Et le soupçon jaloux les poursuit en tous lieux;
Dans un piége fatal leur erreur les entraîne;
    Je vais vous les livrer tous deux.

SCÈNE III.

ARCALAUS, ARCABONNE, LA HAINE, LA DISCORDE, *Troupe de* DÉMONS.

ARCALAUS.

Vous, dont la fureur inhumaine,
Dans les maux qu'elle fait trouve un plaisir si doux ;
Esprits malheureux & jaloux,
Qui ne pouvez souffrir la vertu qu'avec peine !
Démons, préparez-vous
A seconder ma haîne ?
Démons, préparez-vous
A servir mon courroux ?
(*Les Démons sortent de toutes parts.*)

LE CHŒUR.

A sa voix accourons tous ;
Préparons-nous
A seconder sa haîne,
Préparons-nous
A servir son courroux.

ARCALAUS.

Noire Discorde ! & vous Haîne implacable !
Quittez pour un moment vos affreuses prisons ;
Sur l'ennemi qui nous accable,

TRAGÉDIE.

Versez de nouveaux poisons.
(*La Discorde & la Haine paroissent.*)

Duo.

Commande, & nomme la victime,
Nous allons servir ton courroux ;
Dans le malheur & dans le crime,
Nous trouvons nos biens les plus doux.

LE CHŒUR.

Parle....

ARCALAUS.

C'est Amadis...

LE CHŒUR.

Amadis !...

ARCALAUS.

Oui, lui-même.
Il aime,... il est aimé !...

LE CHŒUR.

C'en est assez pour nous.

ARCALAUS.

Détruisez son bonheur extrême,
Vous devez en être jaloux.

CHŒUR Général.

A sa voix souveraine
Fléchissons tous :   (*à Arcalaus.*)

AMADIS,

Nous allons seconder ta haine,
Nous allons servir ton courroux.
(*La Haine, la Discorde, & les Démons
disparoissent.*)

ARCALAUS.

Vers la Forêt je le vois qui s'avance...
Oriane, en fuyant, sert nos ressentimens ;
Par sa rigueur, déjà son supplice commence,
Laissez-moi l'engager dans mes enchantemens.
(*Arcalaus & Arcabonne se retirent. Arcalaus
entre dans le Fort.*)

SCÊNE IV.

AMADIS, ORIANE.

AMADIS.

Pourquoi me fuyez-vous
Trop cruelle Princesse ?

ORIANE.

Pourquoi redoublez-vous
Le chagrin qui me presse ?

AMADIS.

Je vous suivrai sans cesse
Malgré votre courroux.

ORIANE.

TRAGÉDIE.

ORIANE.
Votre aspect qui me blesse
Excite mon courroux.

AMADIS.
Pour m'arracher la vie,
Que me reprochez-vous ?

ORIANE.
Oriane trahie,
Ne sent plus rien pour vous.

AMADIS.	ORIANE.
Ah ! votre ame ravie	Ah ! votre ame ravie
Jouit de mes tourmens ;	Jouit de mes tourmens ;
Je renonce à la vie, (à part.)	Je renonce à la vie, (à part.)
Et lui rends ses sermens.	Et lui rends ses sermens.

ORIANE.
Ne vous défendez plus, Amant foible & volage
Je sais quel est l'objet qui vous engage.

AMADIS.
Cessez de vous livrer à ce transport jaloux ;
Jamais mon cœur n'a brûlé que pour vous.

ORIANE.
Non, non ; ce n'est qu'un artifice
Dont vous couvrez votre injustice ;

C

Mais pourquoi joindre encor la feinte au change-
ment ?
>   Du moins, un grand cœur, quand il change,
>   Doit changer sans déguisement.

AMADIS.

Ciel ! quel aveuglement étrange !
De grace écoutez-moi : quel mortel désespoir !

ORIANE.

Non, je n'écoute rien, je ne veux plus vous voir.
>   (Elle sort.)

SCÈNE V.

AMADIS, *seul.*

JE ne verrai plus ce que j'aime,
On m'abandonne sans retour ;
Hélas ! dans mon malheur extrême
Je ne veux plus souffrir le jour.

Perfide cœur ! ame inhumaine !
Tu veux briser de si doux nœuds !
Devois-je m'attendre à ta haîne ?
Est-ce-là le prix de mes feux ?

Je ne verrai, &c.

Je ne changerai pas, cruelle,
Malgré tes injustes mépris :
Oui, je veux te rester fidelle,
Tout infortuné que je suis.

Je ne verrai, &c.

AMADIS,

SCÈNE VI.
AMADIS.
LE CHŒUR, *caché.*

O ! fortune cruelle !
Suspendra-tu tes coups ?
Amadis ?...

AMADIS.

Qui m'appelle ?

LE CHŒUR.

Amadis, sauvez-nous ?
Captive en ce séjour barbare,
Oriane appelle la mort ;
Forcez le pont qui nous sépare,
Et venez adoucir son sort.

AMADIS.

Oriane !... ô fureur !... ô rage !

LE CHŒUR.

Sauvez des malheureux !...

AMADIS.

Quels accents douloureux !...

TRAGÉDIE.

Oui, je veux punir cet outrage;
 Sans effrois, j'ai vu le danger,
Lorsque mes jours heureux étoient dignes d'envie;
Oriane! je vais, aux dépens de ma vie,
 Vous rendre libre & vous vanger.
Allons....   *(Il marche vers le Pont.)*

AMADIS,

SCÈNE VII.

AMADIS, ARCALAUS, *Troupe d'*ENCHAN-TEURS *& d'*ENCHANTERESSES.

ARCALAUS sur le Pont, une Massue à la main.

Audacieux ?... redoute l'esclavage.
Arrête !... j'entreprens de garder ce passage.

AMADIS.

Cesse de m'arrêter ; ne force point mon bras
    A tourner sur toi ma vengeance :
Traître ! rens Oriane...

ARCALAUS.

            Elle est en ma puissance :
Tu veux la délivrer, & tu cours au trépas.

AMADIS.

Perfide ! il faut que je punisse
    Ta barbare injustice.

(*Combat entre* AMADIS *&* ARCALAUS. *Des Enchanteurs affreux s'efforcent envain d'arrête*
AMADIS, *il les renverse.* ARCALAUS *disparoit & rentre dans le Fort. D'autres Enchanteur transformés en Bergers & en Bergeres, environnent* AMADIS, *& viennent l'enchanter.*)

TRAGÉDIE.

Petit CHŒUR *qui se danse.*

Malgré nous, l'Amour nous enchaîne,
Cédons à ce charmant vainqueur;
Un peu d'amour fait moins de peine,
Que le soin de garder son cœur.

De ce Dieu goutez tous les charmes,
Venez le servir avec nous;
Jeune héros, rendez les armes,
Votre sort sera des plus doux.

(*Au milieu de la danse,* AMADIS *apperçoit une Magicienne, qui a pris la figure d'*ORIANE; *il la poursuit à travers tous les groupes de Bergeres & de Bergers.*)

AMADIS.

Est-ce vous Oriane? o ciel! est-il possible!
Votre cœur, contre moi, n'est-il plus irrité?
L'éclat de vos beaux yeux, dans ce Bois écarté,
Chasse ce que l'Enfer a formé de terrible;
Que vivre loin de vous est un supplice horrible!
Quel plaisir de vous voir! que j'en suis enchanté!
Disposez de ma vie, & de ma liberté.

(*Une partie des Groupes est déja sur le Pont, & invite* AMADIS *à y entrer: le Héros remet ses armes entre les mains de celle qu'il prend pour*

AMADIS;

ORIANE, *& la fuit avec empreſſement dans le Fort où elle ſe retire. Le reſte des Groupes s'en va dans le même Fort, & par le même chemin en danſant & chantant.)*

CHŒUR.

Malgré-nous l'Amour nous enchaîne,
Cédons à ce charmant vainqueur ;
Un peu d'amour fait moins de peine
Que le ſoin de garder ſon cœur.
De ce Dieu goutez tous les charmes,
Venez le ſervir avec nous ;
Loin des ſoucis & des alarmes,
Votre ſort ſera des plus doux.

(Ce Chœur finit inſenſiblement, & à meſure que les Groupes diſparoiſſent.)

FIN DU PREMIER ACTE.

ACTE SECOND.

ACTE SECOND.

Le Théâtre représente d'un côté une Solitude aride, & le Tombeau d'Ardan Canil ; de l'autre un vieux Palais ruiné, & plusieurs Cachots.

SCÊNE PREMIERE.

Troupes de CAPTIFS *enchaînés & enfermés dans des Cachots. Troupe de* GARDES.

CHŒURS DE CAPTIFS.

CIEL! finissez nos peines!

CHŒURS DE GARDES.

Vos clameurs feront vaines.

CHŒURS DE CAPTIFS.

Ciel! ô Ciel! quel supplice! hélas!

AMADIS,

CHŒURS DE GARDES.

Le Ciel ne vous écoute pas.

SCENE II.

LES MÊMES. ARCABONNE, *portée dans l'air par un Dragon volant, descend dans le Palais ruiné. Une Troupe de Magiciennes entre à sa suite.*

ARCABONNE.

IL est tems de finir votre plainte importune :
Sortez ; trainez ici vos fers.

(*On les fait sortir des Cachots.*)

CHŒURS DE CAPTIFS.

Contentez-vous des maux que nous avons soufferts,
Faites cesser notre infortune.

ARCABONNE.

Vous allez cesser de souffrir,
Malheureux ! vous allez mourir.
Bientôt, l'ennemi qui m'outrage,
Sera remis en mon pouvoir,
Et plus je suis prêt de le voir,
Plus je sens augmenter ma rage.

(*à sa suite.*

TRAGÉDIE.

Vous qui partagez mes douleurs,
Préparez-vous pour ce grand sacrifice ;
Les victimes bien-tôt vont subir leur supplice,
Des mânes de mon frere appaissez les fureurs,
Arrosez son tombeau de pleurs.

(*Les Magiciennes exécutent des Cérémonies funèbres autour du Tombeau, brûlent des parfums, traînent vers la Tombe une partie des Captifs, comme pour les préparer au sacrifice. Après cette Pantomime, Arcabonne s'approche du tombeau.*)

Toi, qui dans ce Tombeau n'est plus qu'un peu de cendre,
Et qui fus de la terre, autrefois, la terreur,
Reçois le sang que ma fureur
Pour toi s'empresse de répandre.

(*Des sons lugubres sortent du Tombeau. Les Magiciennes & les Captifs effrayés se retirent avec horreur, les unes vers le fonds de la Scène, les autres du côté de leurs Cachots.*)

Qu'entends-je!.... quel gémissement
Sort de ce triste monument!....
Je vais répondre à votre impatience,
Mânes plaintifs, cessés de murmurer.
Je punirai celui qui vous offense
Par la plus cruelle vengeance
Que la rage puisse inspirer.
Mânes plaintifs! cessés de murmurer.

D ij

SCÈNE III.

LES MÊMES. L'OMBRE D'ARDAN CANIL
sortant du Tombeau.

L'OMBRE.

Ah! tu me trahis, malheureuse!

ARCABONNE.

J'ai juré d'achever une vengeance affreuse;
Voyez quelle est l'ardeur de mes ressentimens...

L'OMBRE.

Ah! tu me trahis, malheureuse
Ah! tu vas trahir tes sermens!
Je retombe, le jour me blesse,
Tu me suivras dans peu de tems,
Pour te reprocher ta foiblesse,
C'est aux Enfers que je t'attends.

(l'Ombre rentre.)

ARCABONNE.

Quelle menace horrible!
Pouvez-vous douter de mon cœur?....

TRAGÉDIE.

Ombre chere & terrible!....
Je tiens déjà le fer vengeur.

(*Les gémissemens du Tombeau recommencent.*)

CHŒUR DE CAPTIFS.

Tout frémit, & tout tremble!
O! jour affreux! jour de terreur!
Tout l'Enfer se rassemble
Dans ce lieu plein d'horreur.

ARCABONNE.

Non, rien n'arrêtera la fureur qui m'anime....
On vient enfin me livrer ma victime.....

SCÊNE IV.

Tous les ACTEURS *de la Scêne précédente.*

AMADIS *enchaîné & entouré de* GARDES.

ARCABONNE (*le poignard à la main, court vers* AMADIS.)

MEURS.... Ciel! que vois-je?...impitoyables
Dieux!....
Est-ce Amadis qui se montre à mes yeux?....

AMADIS.

Frappez,... c'est Amadis;... il n'a plus d'autre envi[e]
Que de trouver la fin de son funeste sort.

ARCABONNE.

Quoi ! l'ennemi dont j'ai juré la mort,
Est le Guerrier qui m'a sauvé la vie?...
Que vais-je faire?... Un trépas inhumain
De ce Héros seroit la récompense?...
Non, une cruelle vengeance
Contre vos jours m'a fait armer envain;
Une juste reconnoissance
Me fait tomber les armes de la main.

AMADIS.

Ah ! si votre ame est attendrie,
Par pitié percez-moi le cœur :
Hélas ! c'est ma plus chere envie
De mettre fin à mon malheur :
Pourrois-je encor aimer la vie
Quand j'ai perdu tout mon bonheur ?
Ah ! si votre ame est attendrie,
Par pitié percez-moi le cœur.

ARCABONNE.

Non vous ne mourrez pas... non... j'abjure ma hain[e]
(Elle detache ses fers.)

Quel prix vous puis-je offrir pour ce que je vous doi ?

AMADIS.
Ces malheureux Captifs ont trop souffert pour moi,
Le seul prix que je veux, c'est de briser leur chaîne.

ARCABONNE.
D'obéir à vos loix, mon cœur est trop flatté,
    (*Aux Captifs.*)
Vous pouvez désormais partir en liberté.
        (*On délivre tous les Captifs.*)

LE CHŒUR.
  Venez dans nos plaisirs tranquilles
  Goûter les charmes du repos ;
  Venez, dans de plus doux azyles
  Vous délasser de vos travaux.
      (*On Danse.*)

LE CHŒUR.
  Venez dans nos plaisirs tranquilles
  Gouter les charmes du repos ;
  Venez dans de plus doux azyles,
  Vous délasser de vos travaux.
        (*Elle emmene Amadis.*)

SCENE V.

Les CAPTIFS *celébrent par des Fêtes la liberté qui leur est rendue.*

CHŒUR ET DANSE.

Sortons d'esclavage,
Profitons de l'avantage
Qu'Amadis a remporté;
C'est pour prix de son courage
Qu'on nous rend la liberté.
   Amadis a surmonté
   L'envie & la rage;
   Amadis a surmonté
   L'Enfer irrité.

FIN DU SECOND ACTE.

ACTE TROISIEME.

Le Théâtre représente une Isle agréable.

SCENE PREMIERE.

ARCALAUS & ARCABONNE.

ARCALAUS.

PAR mes enchantemens, Oriane est Captive,
  Sa beauté causa nos malheurs ;
Dans ces lieux, sans pitié, j'entens sa voix plaintive,
  Et j'aime a voir couler ses pleurs.
Notre ennemi l'aimoit, Ardan périt pour elle,
  Il combattoit pour l'obtenir.

ARCABONNE.

Je viens de la voir,... quelle est belle!...
Vous ne sauriez trop la punir.

E

AMADIS,

ARCALAUS.

Ne permettons pas qu'elle ignore
La perte d'un Amant dont son cœur est charmé;
Il faut qu'après sa mort, Amadis souffre encore
Dans ce qu'il a le plus aimé.
Aux regards d'Oriane exposez la victime,
Qu'à nos ressentimens vous venez d'immoler....
Un soupir vous échappe, & vous n'osez parler....
Est-ce par des soupirs que la haine s'exprime?

ARCABONNE.

Que vous êtes heureux de n'avoir à songer
Qu'à haïr & qu'à vous venger:
Hélas! dans notre ennemi même,
J'ai trouvé l'Inconnu que j'aime.

ARCALAUS.

Vous aimez Amadis?... Il voit encore le jour?...
Quoi? sur votre vengeance un lâche amour l'emporte?....

ARCABONNE.

Eh! que peut contre l'amour
La vengeance la plus forte?
J'aime cet Ennemi charmant;
Un autre objet a su lui plaire;
Pouvez-vous, dans votre colere,

Inventer, pour mon chatiment,
Un aussi rigoureux tourment?
ARCALAUS.
Pour augmenter votre supplice,
Il faut vous faire voir ces deux Amans heureux ;
Avant que ma fureur en fasse un sacrifice,
Je veux que l'Himen les unisse....
ARCABONNE.
Ah! que plutôt cent fois ils périssent tous deux :
Entre l'amour & la haine cruelle,
J'ai cru pouvoir me partager,
Mais dans mon cœur l'amour est étranger,
Et la haine m'est naturelle.

(*Elle voit Oriane.*)

Ma Rivale gémit, que ses maux me sont doux !
C'est peu d'une mort inhumaine
Pour satisfaire mon courroux.
ARCALAUS.
Puis-je encor me fier à vous ?
ARCABONNE.
Fiez-vous à l'amour jaloux,
Il est plus cruel que la haine.

(*Ils se retirent.*)

SCENE II.

ORIANE, seule.

A Qui pourrais-je avoir recours ?
O! Ciel! j'implore ton secours!
Un monstre, un enchanteur barbare
Dispose de mes tristes jours ;
L'Enfer contre moi se déclare :
A qui pourrais-je avoir recours ?
O! Ciel! j'implore ton secours!
Autrefois Amadis auroit pris ma défense,
Mais l'inconstant m'oublie & suit une autre loi;
Pourquoi m'en souvenir? Pourquoi
N'oublier pas de lui, jusqu'à son inconstance ?
A qui pourrais-je avoir recours?
O! Ciel! j'implore ton secours.

SCÈNE III.
ARCALAUS & ORIANE.
ARCALAUS.

JE vous entends ; ceſſez de feindre ;
Plaignez-vous d'Amadis ; je ne veux pas contraindre
    Un ſi juſte couroux.

ORIANE.

J'ai tant de ſujet de m'en plaindre,
Que j'ai preſqu'oublié de me plaindre de vous.
Non, ce n'eſt point ici ſon ſecours que j'implore,
Il eſt allé chercher la beauté qu'il adore ;
Et je l'appellerois par des cris ſuperflus.

ARCALAUS.

Lorſque vous le verrez, vous l'aimerez encore.

ORIANE.

Non, non, je ne le verrai plus.
Je dois trop le haïr, pour renouer la chaîne
    Dont il a dégagé ſon cœur.

ARCALAUS.

Si vous le haïſſez, j'ai ſervi votre haine ;
A la fin, j'ai vaincu ce ſuperbe vainqueur.

ORIANE.

Vous, vainqueur d'Amadis!.... non il n'eſt pas poſſible
Qu'il ait ceſſé d'être invincible :
Tout cede à ſa valeur, & vous la connoiſſez....

ARCALAUS.

Et c'eſt ainſi que vous le haïſſez?....

ORIANE.

Je veux haïr toujours un Amant ſi volage,
Et je me le ſuis bien promis :
Mais ſes plus cruels ennemis
Peuvent-ils s'empêcher d'admirer ſon courage?
Ceſſez ce diſcours odieux,
Et redoutez ſa valeur indomptable.

ARCALAUS.

Eh bien, jugez-en par vos yeux :
Voyez ſi j'ai vaincu ce guerrier redoutable.
(*Amadis étendu ſur le gazon, paroît mort :
Arcalaus ſe retire.*)

TRAGÉDIE.

SCÈNE IV.
ORIANE.

QUE vois-je! ô! spectacle effroyable!
O! coup affreux! funeste sort!
Ciel! ô! Ciel! Amadis est mort.
Ma colere lui fut fatale,
Je l'accusois d'un autre amour,
Que ne puis-je le rendre au jour,
Dut-il vivre pour ma Rivale!
O! coup affreux! funeste sort!
Ciel! ô! Ciel! Amadis est mort!
Ton malheur est mon crime;
Oui, je t'ai fait périr.
Ah! trop chere victime,
L'Amour va m'en punir.
Cruel remords qui me tourmente,
Viens déchirer mon triste cœur.
Hélas! j'entens sa voix mourante
Qui me reproche ma rigueur.
Il m'appelle,.... je vais le suivre....
Le sort qui nous rejoint m'est doux;
Amadis, je vivois pour vous,
Vous mourrez, je ne puis plus vivre.
(*Elle tombe évanouie près d'Amadis.*)

SCÉNE V.

AMADIS, ORIANE (*évanouis*), ARCALAUS, ARCABONNE, accompagnés d'une suite de Démons qui se préparent à tourmenter les deux Amans.

ARCALAUS ET ARCABONNE.

Ah! quel plaisir de voir
Son cruel désespoir!

ARCALAUS.

Pour souffrir encor de sa peine,
Qu'Amadis revive à son tour :

ARCABONNE.

Il faut faire de leur amour
Le ministre de notre haine.

ENSEMBLE.

Ah! quel plaisir de voir
Leur cruel désespoir!

TRAGÉDIE.

ARCALAUS.

Mais pour eux, contre nous, quel pouvoir s'est armé ?

ARCABONNE.

De quel finiftre éclat l'air paroît enflammé !

La foudre gronde, les éclairs brillent ; le Ciel eft éclairé d'une vive lumiere, qui annonce l'arrivée d'URGANDE.

SCÈNE VI.

AMADIS ET ORIANE (*évanouis*), ARCALAUS, ARCABONNE.

LE CHŒUR.

TREMBLEZ, tremblez, reconnoiffez Urgande ;
Tout obéit fitôt qu'elle commande ;
Barbares, laiffez pour jamais
Ces fideles Amans en paix.

Ce Chœur fe chante par la fuite d'URGANDE, fans que la Fée ni les Chanteurs foient vus, de maniere que le Chœur paroît Aérien.

F

AMADIS,

ARCALAUS.

Quelle injufte puiffance
Veut les arracher de nos mains ?
Vous croyez donc Dieux inhumains,
Les fouftraire à notre vengeance ?

LE CHŒUR.

Barbares, laiffez pour jamais
Ces fideles Amans en paix.

ARCABONNE.

Les Dieux bravent notre pouvoir,
C'en eft fait, je n'ai plus d'efpoir.

ARCALAUS, à ARCABONNE.

Diffipez ces vaines alarmes,
Calmez une injufte terreur,
Il me refte encor d'autres armes
Pour triompher de leur fureur :
Oui, je veux ravager la terre,
Et dans mes tranfports furieux,
Des mains du Maître des Dieux
J'arracherai le Tonnerre,
Pour en embrâfer les Cieux.
Diffipez ces vaines alarmes,

Calmez une injuste terreur,
Il me reste encor d'autres armes
Pour triompher de leur fureur.

(*Il sort suivi d'une partie des Démons.*)

ARCABONNE.

Ah ! d'une trompeuse espérance
Pourquoi veut-il flatter mon cœur ?
Je perds l'espoir de ma vengeance,
Je perds l'espoir de mon bonheur :

(*On entend les mêmes gémissemens sourds que ceux qui sont sortis du Tombeau d'*ARDAN CANIL, *au second Acte.*)

Quel tristes sons viens-je d'entendre !
Moment affreux ! souvenir effrayant !
Mon frere !... c'en est fait,... oui... tu seras content ;
Il m'appelle aux Enfers,... eh ! bien, j'y vais descendre.
Mourir sans me vanger !.... trop funeste vainqueur !
Dans l'horreur du tombeau j'emporte ton outrage ;

Un pouvoir odieux te fauve de ma rage,
En me forçant à me percer le cœur.

(*Elle fe poignarde, & tombe dans les bras des Démons de fa fuite, qui l'emmennent.*)

SCÊNE DERNIERE.

AMADIS, ORIANE (*évanouis*), URGANDE
*dans un nuage de feu, defcend fur la Scêne ;
fuite d'*URGANDE.

URGANDE.

Sombre difcorde, affreufe haîne
Fuyez & reprenez vos fers ;
De ce héros je viens finir la peine,
Difparoiffez, retournez aux Enfers

LE CHŒUR.

Jeunes Amans revoyez la lumiere ;
Brûlez toujours des plus beaux feux,
Reprenez votre ardeur premiere,
L'Amour va refferrer vos nœuds.

(*Pendant le Chœur,* URGANDE *touche* AMADIS
& ORIANE *de fa baguette. Ils reviennent
à eux.*)

TRAGÉDIE.

AMADIS ET ORIANE.

Que vois-je ! ô Ciel ! est-il possible ?

ORIANE.

Amadis, vous vivez ?

AMADIS.

Vous plaignez mes malheurs !

ORIANE.

Amadis, vous vivez ?

AMADIS.

Serez-vous inflexible ?

ORIANE.

Hélas ! voyez mes pleurs :

ENSEMBLE.

Bonheur suprême !

ORIANE.	AMADIS.
J'aimois Amadis inconstant :	Pouviez-vous me croire inconstant ?
Oui, je chérissois mon tourment ;	Je succombois à mon tourment ;
Jugez si je vous aime !	Jugez si je vous aime.

URGANDE seule.

Jouissez du bonheur extrême
Qu'Amour accorde aux cœurs qu'il réunit.
Ne craignez plus : Arcalaus lui-même
Succombe, en ce moment, au sort que le poursuit.

AMADIS,
TRIO.

AMADIS ET ORIANE.	URGANDE.
C'est à vous,	Aimez-vous,
C'est à vous,	Aimez-vous,
Que nous devons un bien si doux.	C'est combler mes vœux les plus doux.
Le plus beau lien nous rassemble,	Le plus beau lien vous rassemble,
Nos cœurs sont satisfaits ;	Vos cœurs sont satisfaits ;
L'Amour qui nous unit ensemble	L'Amour qui vous unit ensemble
Ne s'éteindra jamais :	Ne s'éteindra jamais :
C'est à vous,	Aimez-vous,
C'est à vous,	Aimez-vous,
Que nous devons un bien si doux.	C'est combler mes vœux les plus doux.

CHŒUR GÉNÉRAL.

Urgande ne descend des Cieux
Que pour confondre l'injustice ;
De l'éclat de son nom, que ce lieu rétentisse ;
C'est aux bienfaits qu'on reconnoit les Dieux.

URGANDE.

Venez, jeune Héros, suivez-moi sans alarmes ;
Rendez au jour les Captifs malheureux
Que vos fiers ennemis retiennent dans ces lieux ;
Il n'appartient qu'à vous de surmonter leurs charmes

Le Théâtre change, & représente l'Arcade ou la Porte du Palais d'Appolidon, dans leque une foule de Prisonniers & de Dames étoient re

TRAGÉDIE. 47

tenus, jusqu'à ce que l'Amant le plus fidele vint les délivrer. Il y a deux Perrons pour arriver à cette porte. Sur le premier, sont des Statues armées de pied-en-cap ; sur le second, d'autres Statues de femmes vétues élégamment, & portant des corbeilles de fleurs : URGANDE conduit AMADIS au premier Perron, il y monte ; aussi-tôt le Perron paroît enflammé ; les Statues le repoussent à coups de lance. Cette Pantomime est accompagnée d'un grand fracas. AMADIS surmonte ces obstacles, & parvient au second Perron ; il y monte, alors on entend une Musique délicieuse ; les Statues lui jettent des fleurs & des parfums : l'Arcade s'ouvre, & il en sort quantité de Chevaliers & de Dames qui forment les Danses qui doivent terminer le Spectacle. Pendant le Divertissement, AMADIS chante l'Ariette suivante.

ARIETTE.

Tendres cœurs que l'Amour engage,
Espérez toujours en aimant,
Le calme succede à l'orage,
Et le fort change en un moment.

Vainement le Dieu qui m'enflamme
Signaloit sur moi sa fureur,
Il ne reste au fonds de mon ame
Que le trait qui fait mon bonheur.

Jeunes cœurs que l'Amour engage,
Espérez toujours en aimant,
Le calme succede à l'orage,
Et le sort change en un moment.

DANSE FINALE.

FIN.

APPROBATION.

J'AI lu, par ordre de Monseigneur le Garde des Sceaux, AMADIS, Tragédie-Opéra en trois Actes, & je n'y a rien trouvé qui m'ait paru devoir en empêcher la réimpression. A Paris, ce 2 Décembre 1779.

BRET.

www.ingramcontent.com/pod-product-compliance
Lightning Source LLC
Chambersburg PA
CBHW070656050426
42451CB00008B/383